Ferngespräche

Bibliografische Information der Deutschen Nationalbibliothek
Die Deutsche Nationalbibliothek verzeichnet diese Publikation in
der Deutschen Nationalbibliografie; detaillierte bibliografische
Daten sind im Internet über http://dnb.d-nb.de abrufbar.

Herstellung und Verlag:
Books on Demand GmbH, Norderstedt
Printed in Germany
ISBN 9783833493249

Ferngespräche

Vorstellung

Auf samtleisen Sohlen
bist du verschwunden,
der Nacht folgend,
aus meinen Tagen geschlendert.

Jetzt gehst du mir
durch den Kopf,
mit eisenbeschlagenen Stiefeln,
meine Träume jagend
und durch meine Nächte marschierend.

Als Kleid
zum Auszug,
wähltest du ein Kostüm,
passend zur Vorstellung.
Voller Spitzen
und blutrot.

Ich hätte dir
viel öfter sagen sollen,
wie sanftmütig
du warst -
nackt
und barfüßig.

Ferngespräche

Tempel

In meiner Erinnerung
ruhen unsere Tage
hier eng umschlungen.
Frierende Gedanken ertasten die
Mauern und vertrauten Risse.
Die letzten Worte
liegen zerborsten
im Laub auf den Stufen.
Zu Eis gewordener Atem,
nach dem Frost.

Unter Denkmalschutz gestellte
Ruinen.
Vorausahnende Auflagen
einer Unmöglichkeit:
Wiederaufbau.
Unlösbarer Auftrag,
selbst für die Baumeister
einer allmächtigen Vergangenheit.

In den Winternächten
stürzen vernarbte Steine
lautlos in die Tiefe.
Aus dem eisigen Himmel
gesprengte Sterne,
zerschneiden den schlafenden Verband
aus schwarzen Ranken und Immergrün
und versinken im
gefrorenen Moos
schon damals lichtloser Gewölbe.

Die Götter sind Spieler,
und ich warte zitternd
auf ihren nächsten Zug,
mit dem sie einen Fehler machen.

Ferngespräche

Rosentau #1

Rosentau versinkt im Nebel,
brunnentiefe, klamme Nacht.

Wassermantels dünner Faden
webt aus Tränen einer Schlacht

nasse Tücher für die Träume,
die aus schweren Wolken fallen,

mit erfrorenen Gedanken
sich an kalten Sturmwind krallen.

Ferngespräche

Damals

Damals
kamst du zur Tür herein.
Damals
wäre ich dir auch hinaus gefolgt.
Damals
hatte die Tür zwei Seiten.
Damals
war der Staub in unseren Zimmern
für dich ein Zeichen,
daß der Wind sich gelegt hatte.
Für mich war er,
damals,
Beweis für sein Fehlen.
Damals
konservierten wir unsere Gefühle
in den Salzfässern unserer Freudentränen.
Damals,
im Keller unserer Intelligenz,
für schlechtere Zeiten.
Damals
konnten wir gefahrlos
über den Wind sprechen,
denn unser Haus hatte,
damals,
ein Dach.
Damals begann die Liebe.

Damals begann die Liebe
durch die Zimmer zu wandern.

Damals,
auf der Suche nach einer Tür,
die nach draußen führt.

Ferngespräche

Eroberung

Flüssiges Licht
liebkost den Pfirsischmond.
Zielstrebig blind
züngelt die glitzernde Schlange
Spuren in honigsüßen Flaum
aus Sternenstaub.

Lautlos bebende Hügel,
nur einen Zungenschlag entfernt.
Planetenhaut, so fremd,
doch in Gedanken schon erfühlt.
Brennender Atem,
wie Tau auf dem Visier
der Schüchternheit,
rauscht durch die Seele.

Höher,
Weiter,
Schneller,
Tiefer - tiefer,
über die Gipfel
hinab ins Meer der Seeligkeit.

Der Fahnenmast
versinkt im schwarzen Sonnenlicht.
Das Herz geballt
entläßt den stummen Schrei -
Wir waren vor euch da.

Ferngespräche

Ich wollte lieben

Ich wollte lieben und geliebt werden.
Also begann ich, mich zu verlieben.
Irgendwann fand ich
ihren Körper zu verschlossen.

Ich wollte lieben und geliebt werden.
Also begann ich, mich zu verlieben.
Irgendwann las ich
in ihren Augen von brennendem Zweifel.

Ich wollte lieben und geliebt werden.
Also begann ich, mich zu verlieben.
Doch irgendwann schmeckten
ihre Küsse nach Kupfer und Almosen.

Ich wollte lieben und geliebt werden.
Also begann ich, mich zu verlieben.
Aber irgendwann klangen ihre Worte
nach Schweigen und Veränderung.

Ich wollte lieben und geliebt werden.
Also begann ich,
die Spiegel
abzuhängen.

Ferngespräche

Rosentau #2

Rosentau stürzt über Klippen,
weiße Wogen, voller Saft.

Ewig malt das Mühlrad, ewig,
Blut zu Wasser, dauerhaft.

Schaumkronen auf grauen Schädeln,
blanke Angst badet in Schweiß,

und im Winter uns'rer Worte
gefriert der Speichel uns zu Eis.

Ferngespräche

Jahrhunderte

Wäre die Welt ein Wald
und jeder Mensch ein Baum,
klängen fallende Blätter
nicht nach Panik und Angst.

Blüten verströmten nicht den Duft
von Neid und Eifersucht,
und Früchte schmeckten nicht
nach Gier und Eitelkeit.

Vor allem aber,
tränken wir beide
denselben Regen,
atmeten denselben Wind,
liebten dieselbe Sonne
und wüchsen in denselben Himmel
- jahrhundertelang.

Ferngespräche

Kreuzweg

Leben und Sterben.
Kommen und Gehen.
Ertrinken oder Verdorr'n.
Gott oder Teufel.
Ebbe und Flut,
aus Küßen und sprachlosem Zorn.

Alles bleibt anders.
Alles wird gut.
In Himmel und Hölle vereint.
Wir halten zusammen.
Wir machen uns Mut
und haben die Liebe zum Feind.

Weiter und weiter
und weiter und weiter
und weiter darüber hinaus.
Weiter und weiter,
bis an kein Ende.
Und weiter
zum Aus.

Ferngespräche

Im Garten

Himmel -
versteckt hinter eitel aufgedunsenen
Nachtwolken.
Halbwüchsiger Wind -
taumelnd im rissigen Porzellan
träumender Blüten,
die ihren Zorn in die Luft nicken
wie zu stark parfümierte Damen
auf ihrem täglichen Weg
zurück in die Jugend.

Kristallspuren -
Schleim auf viel zu jungem Grün.
Zu Mandalas gefressene Fenster blinder Völlerei
auf kränkelnden Knospen, die sich den Hitzetod
für eine letzte schwüle Stunde
aus den schlafenden Blättern fächeln,
träge dem Abend entgegen.

Antennen auf verkrüppelten Dächern
harken den Abfall aus den Sternen
und zerstäuben den Duft süßer Fäulnis
unter anfälligen Trieben.
Im brüchigen Laub vergangener Tage
sitzen wir
lächelnd
auf einer Bank
und wachsen,
tief verwurzelt,
auseinander.

Ferngespräche

Verschlungen #1

Ich sage
etwas.

Manchmal sage ich
wenig mehr.

Wenn ich
alles
sagen wollte,
dächte ich mich zu oft still.

Also sage ich
noch weniger.

Doch nichts
zu sagen
bedeutet
Lärm
in meiner Seele.

Und so
falle ich dem Lärm
halbherzig ins Wort
und verschweige
wieder
alles.

Ferngespräche

Innenleben

Bring mir deine Angst.
Laß' sie meine sein.
Gieße deine Wut
tief in mich hinein.

Leer' die Seele aus,
jede Grausamkeit.
Jetzt und immerzu,
bis in Ewigkeit.

Alle Qual und Gram
fließen in mein Herz.
Sammle deine Tränen,
schenk' mir deinen Schmerz.

Alle deine Rechte
werden meine Pflicht.
Tausche deine Nächte
gegen all mein Licht.

Schenk' mir deine Zweifel,
gib mir was du willst.
Alle Einsamkeiten,
die du in dir fühlst.

Gestern, heute, morgen,
immer, immer mehr.
Denn die Grube meiner
eignen
Seele
ist
längst
leer.

Ferngespräche

Rosentau #3

Rosentau spiegelt den Himmel,
schwang're Tropfen, praller Bauch.

Nasse Lippen wässern Kehlen,
für den allerletzten Hauch,

der als Rinnsal durch die Kiesel
fremder, trock'ner Betten fließt,

mit dem Wind tanzt, bis er nächtens
junge, rote Rosen gießt.

Ferngespräche

Angebot

Sie war günstig -

wenig durchgelegen -

verwohnt -

aber -

abstossen -

kann ich sie immer noch.

Und wieder einloggen -

schauen, wer noch so drin ist -

voll geil -

Halt's Maul!

Ich komme -

Ferngespräche

Wo wir leben

Ich hörte sie sagen,
daß nur die Guten jung sterben.
Je fester du träumst,
desto näher kommst du der Sonne.
Die Bahnhöfe sind verlassen.
Die Züge fahren nicht mehr.
Wind in Ruinen.
Echos
von Sagen und Legenden.

Kein Grund zur Sorge.
Keine Gefahr im Verzug.
Die Feuer brennen niedrig.
Jedoch,
wenn die Schlechten leben
und die Guten tot sind,
sag' mir, wo stehen wir dann?
Und wohin gehen wir?

Es gabe eine Zeit, da waren wir stark.
Als wir noch wußten,
was richtig und was falsch ist.

Es gab Momente,
in denen wir fühlten,
daß wir es versuchen würden.
Wir hatten unsere Kerzen
in der Dunkelheit,
und wir konnten mit Span und Funke umgehen.
Die Sonnenbrillen, die wir trugen,
waren mächtige
Spione.

Wir kämpften bis zum bitteren Ende.
Die Armee der Unschuldigen.
Als Zeugen der Anklage
standen wir aufrecht.

Ferngespräche

Wir lasen die Zeichen an der Wand.
Und jetzt können wir
uns nicht einmal mehr die Worte
und Gebete zurückrufen,
welche
die Feuer klein halten.

Wir lauschten den Sternen.
Jetzt sind wir mit dem Mond verbunden.
Die Geschichten unserer Wunden
waren wie Winterstürme im Juni.

Wir hörten das Schlagen einer Tür.
Stöckelschuhschritte auf dem Fußboden,
hinaus in die Nacht.
Wir waren wie sie,
hielten die Dinge am Leben.
Wir kämpften gegen die Schatten
und die innere Einsamkeit.

Es gab eine Zeit, da waren wir stark.
Als wir noch wußten, wo wir hingehören.
Was übrig geblieben ist,
sind lächelnde Gesichter,
gefangen in einem Rahmen.
Ein langer Abschied.
Wir bewahren die Fassung.
Eines Tages machen wir alles noch einmal,
sagt der Spiegel.
Aber das ist nicht
dasselbe.

Ferngespräche

Verschlungen #2

Ich sage

manchmal
wenig mehr

Alles
wollte

weniger

Aber nichts

bedeutet

meiner Seele...

Und so

wieder
alles

Ferngespräche

Des nächsten Kaisers neue Kleider
(Ein Spiel in 3 Akten zu jeweils 3 Aufzügen)

1. Akt
Unbeschreiblich scheint das Leinen,
doch der liebeswunde, erste Augenblick,
webt es dennoch,
ohne Webfehler und Mühe.
Liebe hin,
Liebe zurück.

I
Meinem füllhornvollem Schweigen
folgt ein knospenhaftes Wort.
Du erahnst das Meer der Blüten.
Küße antworten sofort.

II
Stoff, der deinen Körper zeichnet,
streichelnd, atemloser Blick.
Alles sagende Berührung,
und dein Lächeln strahlt vor Glück.

III
Furchtlos bist du und zufrieden.
Du vertraust dem, was du hörst.
Grenzenlos sind deine Tage,
mit denen du die Nacht betörst.

Ferngespräche

2. Akt

Unbeschreiblich scheint das Leinen,
doch das liebeswunde Glück,
webt es weiter.
Schiffchen unter ersten Wolken,
Liebe hin,
Fragen zurück.

IV

Einer ungewohnten Stille
folgt ein blühend schwerer Satz.
Deine Seele, sie erhellt sich -
und dein Kuß nimmt wieder Platz.

V

Ein fast farbähnlicher Faden.
Fragend, ruheloser Blick.
Nein - das Tuch bleibt rein und magisch.
Zitternd lehnst du dich zurück.

VI

Wissend bist du und erfahren.
Du vertraust dem, was du siehst.
Zartes Muster der Erinn'rung,
das über die Zweifel fließt.

Ferngespräche

3. Akt
Unbeschreiblich scheint das Leinen,
noch ein kleines, rotes Stück,
bleibt zu weben,
fadenscheinig, schamlos schreiend,
Liebe hin,
Schweigen zurück.

VII
Meiner ruhelosen Stummheit
folgt dein lang' verblühter Blick.
Worte, Taten sind zu wenig.
Zweifelnd schaust du sie zurück.

VIII
Irgendwo wartet ein fremdes,
leises, altes, neues Wort.
Und es wird dein Leinen preisen.
Und du wirst wissen, ich bin fort.

IX
In mein Schweigen, in mein Flüstern,
in meinen Schreien wohl befrackt,
wird er meine Worte tragen.
Doch darunter bleibt er nackt.

Epilog
Und unbeschreiblich ist das Leinen,
denn der liebeswunde, nächste Augenblick,
webt es wieder,
ohne Webfehler und Mühe.
Liebe hin,
Liebe zurück.

.

Ferngespräche

Umsonst

Wie kann ich es sagen?
Was soll ich erzählen?
Ich hab' es ein ganzes
Leben versucht.
Aber die Worte,
sie kamen abhanden.

Wertvoll, zerbrechlich,
verzaubert und stolz.
Dein Haar auf dem Kissen,
wie Flüsse aus Gold,
die die Wege von selber
fanden.

Wache nicht auf.
Bewahr', was du siehst.
Träume sind unsere Antwort.
Du gäbest mir sicher,
sicher nicht Recht:
ich muß um sie kämpfen,
um sie, ihre Gunst...
Deine waren immer
umsonst.

Wache nicht auf.
Ich möchte es nicht.
Ich möchte nicht, daß du es siehst:
ich muß um sie kämpfen,
um sie, ihre Gunst...
Deine waren immer
umsonst.

Ferngespräche

Federhalter

Benutzt,
zu schreiben: liebst du mich?
Mißbraucht,
zu antworten: ich liebe dich!
Die Tinte schwarz,
unschuldig weißer Bogen.
Und Tränensalz versiegelte
die Worte, die gelogen.
Ich fühlte Schweiß
von Schuld und letztem Flehen.
Kratzende Fluchtversuche,
gezeichnet schnell im Stehen.
Schon schwanger ging ich längst
mit and'ren Möglichkeiten.
Mit neuen, alten Schwüren
und and'ren, gleichen Zeiten.
Ich schrieb ein Leben.
Ich schrieb: Empfänger unbekannt.
Ich setzte Fragezeichen
und Herzen an den Rand.
Verurteilte zum Tode
und rettete davor.
Ich unterschreibe alles!
Dem Klugen und dem Thor.
Vertraut mit jeder Handschrift,
jedem Fingerschlag,
laß mich dich eines fragen:
Dein Ziel ist hehr?!
Dein Stift ein gold'ner Wagen?!
Voll Ehrlichkeit und Offenheit?!
Voll Wagemut und voller Zier?!
Vielleicht gehört die Zukunft - dir...
Die Gegenwart, mein Freund
- nur mir!

Ferngespräche

Erster Versuch, dich zu beschreiben

.

Ferngespräche

In jedem Haus

In jedem Haus ist ein Verlies,
dort liegen Scherben tief im Staub,
die mir das Leben hinterließ.
Ein Kellerschacht voll braunem Laub.

Hätt' ich die Wahl, ich wählte dich,
und diese Wahl fiel mir nicht schwer.
Doch du wählst auch – genau wie ich,
und deine Träume fragen: wer?

Wir war'n erwachsen und loyal.
Wir wollten keinen Flächenbrand.
Die letzte Rose meiner Wahl
lag ohne Dornen in der Hand.

Es fällt so leicht, ehrlich zu sein,
wenn man den Anker nicht mehr spürt.
Ein simples, klares, kurzes Nein,
bevor das Schiff den Kurs verliert.

Ich wählte immer wieder dich,
wenn es an mir läge zu wählen.
Der Weg entscheidet sich für sich.
Und manches läßt sich nicht erzählen.

Und jedes Haus hat ein Verlies,
ein Raum, den man so gern' vergißt!
In dem die Tränen schlafen geh'n,
die man verlor'n hat und vermißt.

Das ist der Grund, warum ich schlaf',
daß ich die Augen schließ' und schweig'.
Daß ich noch einmal träumen darf,
einfach zu sagen: bitte bleib'.

Ferngespräche

Tätowierung

Ich knüpfe
wunde Punkte
auf einen unsichtbaren Faden,
der sich durch mein Leben zieht.

Die Röteln
meiner Schwächen,
bedeckt von puderweißem Lächeln,
damit man meine Angst nicht sieht.

Die jedes Wort
abtastet
- und unter Quarantäne stellt -
das mich heimlich untersucht.

Während jeder
meiner Blicke
jede fremde, schwache Rötung
als Etappensieg verbucht.

Auf dem Weg
zu Anerkennung.
Und ich stech' mir wunde Punkte
deutlich sichtbar ins Gesicht,

damit die Meute
sie zerkratzt...

Denn das Blut der echten Wunden
bekommt sie
nicht.

Ferngespräche

Lieben sie wohl

Drinks an der Theke.
Worte im Stehen.
Der Rest ist Verschweigen.
Jetzt laß' uns gehen.

Ich will keinen Namen.
Kein Wort, das zerbricht.
Ich seh's Ihnen an.
Sie denken wie ich.

Lieben sie wohl.
Ich seh' sie gern' kommen.
Ich seh' sie gern' gehen.
Lieben Sie wohl.
Und gar nicht erst anfangen,
es auch zu verstehen.

Ich seh' Ihre Augen.
Ich seh' Deinen Mund.
Ich weiß für die Nächte
keinen besseren Grund.

Danach wirst Du gehen.
Doch jetzt sind Sie da.
Ich werd' Sie vergessen.
Doch jetzt sei ganz nah.

Ferngespräche

Die Hosen des Pornographen

Sage nicht, daß du es erkennst.
Natürlich erkennst du es, aber,
es ist anders, als du denkst.
Es sei denn, du behauptest,
einen Tropfen Wasser im Meer zu erkennen,
einen Atemzug im Sommerwind,
die Zeit, wenn Tageslicht in Dämmerung übergeht.
Ich fürchte, es bleiben Fragen zu stellen.
Ein philosophischer Disput.
Es gibt das Gute und das Böse.
Aber dies träfe die Frage nicht
in dieser subtilen Angelegenheit.
Es gibt Millionen Wege, alle Antworten
tief drinnen zu verstecken.
Wenn wir schneller sind als der Rest,
haben wir eine Chance, den Test zu bestehen.
Wir leben die Regeln, denen wir vertrauen.
Es gibt ein Dürfen und ein Müssen.
Und all die Zwielicht-Nachrichten am Abend belegen,
daß es ein größeres Problem gibt.
Unter dem Bett eine versteckte Kiste.
Und auch heute Nacht schläft die Seele angekleidet.
Wir standen zu lange
vor dem Kiosk.
Wir wählten eine andere Drogerie,
um Parfum, Seife und Vaseline zu kaufen.
Es ist alles in Ordnung.
Wir sind kampferprobt.
Menschliche Wesen wie wir sind nicht so verrückt.
Kein Grund zur Unruhe.
Kein Grund zur Eile.
Aber zurück zur Frage, die ich hatte:
Und wer bist du?

Ferngespräche

Erneuter Versuch, dich zu beschreiben

Gäbe es...
Aber es gibt nicht.

Ginge es...
Aber es geht nicht.

Stünde es...
Aber es steht nicht.

Wäre es...
Aber es ist nicht.

Hätte ich...
Aber ich habe nicht.

Könnte ich...
Aber ich kann nicht.

Sähe ich...
Aber ich sehe nicht.

Wüsste ich...
Aber ich weiß nicht.

Fühlte ich...
Aber ich fühle
noch
nicht
genug.

Ferngespräche

Countdown

Drei Blätter des Abutilon
fielen zur Erde,
als du mir sagtest,
du habest Träume.

Ich kehrte sie am Morgen fort.

Zwei weiße Kerzen brannten still,
erloschen schwarz,
als du erzähltest,
du habest Pläne.

Ich kratzte das Wachs am Abend heraus.

Ein Spinnennetz hängt über dem Bett
und sammelt den Staub,
wenn ich es frage,
wann wird es Tag?

Und was ich bis dahin
machen soll.

Ferngespräche

Schlaf
(Wolfgang Schultz 1955-1998)

Und wenn sie dich
dann einen Spaten tief
zur Ruhe legen.
Und wenn der Baum,
den deine Seele nährt
den Mond berührt.

Dann leg' ich mich
zu dir und zeig' dem ersten Schnee,
dem ersten Regen,
wie man den letzten Traum,
den deine Angst verlor'
tief in die Erde führt.

Mögen die Toten weh'n,
um Mitternacht wie Nebel kurz
dem Schlaf entfliehen.
Ich schlaf' bei dir
und werd' dich leise
an mich zieh'n.

Und wenn sie aufersteh'n,
die nie gefallen sind,
sich zu besiegen.
Dann halt' ich dich
in meinem Arm
und weiß,
wir bleiben
eng umschlungen
liegen.

(frei nach Heinrich Heines »Mein süß Lieb«)

Ferngespräche

Aber

Am Anfang
flüsterten sie in meine Träume:
schau' hin - aber schau' dahinter!
So lernte ich zu hören,
was nicht da war.

Später
lehrten sie mich zu sprechen:
sage alles - aber verrate nichts!
So lernte ich zu verschweigen,
wovon ich sprach.

Manchmal
gaben sie mir Gefühle zu sehen:
koste die Liebe - aber würze mit Salz!
So lernte ich zu verschlingen,
was nicht konservierbar war.

Du
schenktest mir jeden Tag deines Lebens.
Du warst da.
Aber ich, je mehr ich lerne,
sehe, höre und fühle wenig von mir,
was ich dir schenken könnte.

Ferngespräche

Romantik

Manchmal - Sandgesichter
auf dem Strand.
Spurensuche und Erinnerung
reisen in ein and'res Land.
Und die See
wird wild und zornig,
weint ein weinendes
Gesicht…
Chancen hatten wir so manche.
Doch genutzt
wurden sie nicht.
Chancen –
Nun, vielleicht ja
doch nicht.
Die Gezeiten wechseln schnell.
Und die Wellen schließen Augen,
denn der Himmel glänzt so hell.

Noch immer hör' ich
was du sagtest,
als der Wind die Worte stahl.
Und ich deine Augen fragte
flüchtig, öfter, tausendmal,
ob ihr Klang mich finden sollte.
Und wir wogen un'sre Blicke,
schickten sie hinaus auf's Meer.

Manche Muscheln rauschen ewig.
An'dre Häuser bleiben leer.

Ferngespräche

Werdegang

Nebeneinander

Zueinander

Voreinander

Aneinander

Übereinander

Ineinander

Miteinander

Beieinander

Voneinander

Gegeneinander

Auseinander

Durcheinander

Ferngespräche

Weiterer Versuch, dich zu beschreiben

Du bist...

...deshalb werde ich.

Ferngespräche

Blütenträume

Drei Blätter des Abutilon
fielen zur Erde,
als du mir sagtest,
du habest Träume.
Ich trug sie tagelang in meiner Hand.

Zwei weiße Kerzen flackerten hell,
wie Sterne im Raum,
als du erzähltest,
du habest Pläne.
Ich fühlte die Wärme auf meiner Haut.

Ein Spinnennetz tanzt über dem Bett,
lang' schon vergessen,
hoch an der Wand.
Es schweigt! sagst du leise -
und lächelst mich an.

Also lese ich wieder mal
Faden für Faden
und jage den Wind aus dem Zimmer,
damit er sich draußen in Blüten verfängt.

Dort tanzt er, ohne zu schaden.

Ferngespräche

Wenn das Telephon klingelt

Wenn um neun Uhr das Telephon klingelt,
möchte Sabine Ackermann-Wünsch wissen,
ob ein Brötchenservice,
immer frisch und *Morgenrot*-günstig,
nicht meinen Tagesbeginn
versüßen würde -
Ich stelle mir Sabine vor.
Rote Wangen, braune Locken.
Ihre mehlweißen Zähne
lächeln mir ins Ohr.

Wenn um elf Uhr das Telephon klingelt,
möchte Claudia Schreiber-Stift fragen,
welche Zeitschriften ich
täglich, wöchentlich, gelegentlich,
aus privaten und geschäftlichen -
Ich stelle mir Claudia vor.
Sommersprossen und Nickelbrille.
Ihre unsichtbaren Blicke suchen
meinen Bücherschrank.

Wenn um drei Uhr das Telephon klingelt,
möchte Lena Fidelis-Schröpf anbieten,
mein Leben unverbindlich,
durch ein Lotterielos und ohne -
Ich stelle mir Lena vor.
Blonde Mähne und Silikonlandschaften.
Ihre Lippen nagen
an meinen schlaflosen Tagträumen.

Ferngespräche

Wenn um fünf Uhr das Telephon klingelt,
möchte Dr. Irene Geldermann-Münz vorschlagen,
meinen Lebensabend per Rente -
Ich stelle mir Irene vor.
Hosenanzug und dezenter Lidschatten.
Ihr Parfum sticht mir
in der Nase.

Wenn um zehn Uhr das Telephon klingelt,
möchte mich eine Computerstimme nötigen,
sofort eine Nummer -
Ich sehe Sabine, Claudia, Lena und Irene
und mir wird schwindelig.

Wenn nachts das Telephon klingelt,
möchtest du mir sagen,
daß nach all' der langen Zeit -

Ich kann mir dich garnicht mehr
vorstellen.

Ferngespräche

Winternächte

Hölzern dürre Kronen,
festgefroren in den Sternen.
In dünnen Nebelmänteln
einsam schlafende Laternen.

Schwarze Scherenschnitte,
schweigend, kauernd in der Nacht.
Nur von Windes Klagen
und kreideblaßem Schnee bewacht.

Müde liegt der Mond,
wie festgehangen zwischen Zweigen.
Schlafen will die Welt,
eingehüllt in Eis und Schweigen.

Jenseits meiner Fenster
liegen Spiegel auf den Seen.
Zitternde Gedanken,
die über Eis und Wasser wehen.

Sie lauschen jede Nacht
voller Sehnsucht in die Sterne,
von wo du wiederkehrst
aus frühlingshafter, weiter Ferne.

Und wenn die Kronen blühen,
wenn aufwacht das, was lange schlief,
dann weiß ich, du kamst wieder,
weil ich dich immer wieder rief.

Ferngespräche

So-nett

Ich bin verrückt. Ich rede wirr und ohne jeden Sinn.
Du schaust mich an und lächelst sehr kokett.
Mein Blick zerfällt und denkt nur noch: wohin -
auf dieser Welt -
war nie ein Mensch so nett.

Ich wache nie mehr auf, oh nein, ich bleib' hier stehen.
Ich sterbe hier vor dir als steifes Brett.
Vielleicht ja auch in deinen Augen - untergehen.
Nie klang dies Wort
auf dieser Welt so nett.

Ein Laken, weich und warm und du ganz nah.
Und Wolken weiß um uns und unser Bett.
Ich bin schon lange tot. Es ist nicht wahr.
Auf dieser Welt
war keine je so nett.

Es wäre wahr, wenn ich die Wahl nur hätt'.
Ich wäre gern'
zu dir
einmal
so nett.

Ferngespräche

Freier

(Ein Liebeslied)

Süßer - hör' auf zu schwallen.
Ich bin weder arm noch gefallen.
Kleiner - ich leb' hier, weil ich das will.
Geh', oder sei endlich still.

Ja, Mann - Typen wie du!
Zu Hause ist alles tabu.
Der Himmel sagt Nein und die Hölle sagt Ja.
Und hier spielen sie Missionar.

Wetten - es ist nur ein Spiel.
Wie lange, was und wieviel!
Lauf' heim zu Mutti, und rede dich groß.
Kleiner, geh' und laß' los.

Deine abgefuckten Phantasien
brauch' ich nicht.
Du mußt die Welt auf dieser Seite
nicht versteh'n.
Komm -
faß' an!
Und dann beruhige dich, Mann.
Sonst bleibt er dir ewig steh'n.

Nein - ich bin ganz normal.
Aber, Junge, ich treff' die Wahl.
Typen wie du, die liegen mir nicht.
Ich bin viel zu teuer für dich.

Ferngespräche

Treibholz

Aufgeschwemmt auf Felsenzähnen.
Eingekeilt im Algenstein.
Trümmerholz aus stummen Kähnen
sollte einmal Worte sein.

Wahrlos aufgetürmte Nester.
Gurgelnd, modriges Versteck.
Hölzern, sprachloses Orchester.
Klanggewaltig, dunkler Dreck.

Messerscharfe, alte Splitter
wühlen sich durch trüben Grund.
Abgestorben, seicht und bitter,
schaumumflorter Ufermund.

Ziellos treiben Jahresringe,
brodelnd in der Strömung hin.
Einsam, doch beredsam tödlich,
ohne Halt und ohne Sinn.

Ast und Stämme, Wort und Sätze
fließen stöhnend kreuz und quer.
Und die Biber der Erinn'rung
bauen schweigend Wall und Wehr.

Morgen, an den Wasserfällen
wo die Regenbögen weh'n,
werden alle Stämme brechen
und man wird den Klang versteh'n.

Ferngespräche

Widmung

Für mich.

Nein, nein,
für dich und mich.

Ach je...
vielleicht
am Ende
doch
für

dich.

Ferngespräche

Geschäftsessen

Vorspeise:
Schaumvolles Warten,
an Gläser gelehnt.
Triefende Worte
aus knurrenden Mägen,
in duftende Teller
und Schalen gestöhnt.
Il secondo:
Stilträges Mahlen
begeisterter Zungen.
Scheibchenweise
Siege verschlungen.
Schenkel errungen
mit fettigen Klauen.
Männer und Frauen.
Main Course:
Rosa umränderte,
blutige Tropfen
liebkosen
in Sturzbächen
fleischliche Last.
Taumeln ins Feuer,
sterben in Schwaden,
verwandeln den Hof und Palast
in Wein getränkte,
sich leckende Lippen.
Selige Hoffnung
aus Knabbern und Nippen.
In Tabaksdämpfen
die Liebe besungen.
Über Straßen aus Cremes und Kuchen
gekrochen.
Tische geleckt
die nach Alkohol rochen.
Dessert:
Uneingeladen gehurt und geflucht.
Von niemand vermisst das Weite gesucht.

Ferngespräche

Reißwolf

Zwerge putzen,
Hecken stutzen,
Starke wählen,
Schwache quälen,
Kinderhasser,
Frau'n-Anfasser,
vorne lachen,
hinten treten,
überwachen,
Sonntags beten,
Hälse drehen,
saufen gehen,
Alles fressen,
Kräfte messen,
Billigmänner,
Alleskenner,
Zotenreißer,
Hosenscheißer,
Gummipuppen,
Kegeltruppen,
Überall
dazu gehören,
Ruhe stören,
sich empören,
Rasen mähen,
Unglück sähen,
Hundedecken,
Speichel lecken,
Butterfahrer,
Bier und Klarer,
Ganz verstohlen,
Pornos holen,
Fremde Weiber,
Kaufhausleiber,
Auf Kredit!
Ränkeschmied.

Ferngespräche

Wanzenleger,
Wasserträger,
Biertischkaiser,
Sprüchereißer,
Kirchenfreund,
Menschenfeind,
Hinternkneifer,
Sabber, Geifer,
Protzathleten,
Kotzproleten,
Abkassierer,
Mutverlierer,
Leisetreter,
Geldanbeter,
Besserwisser,
Hosenpisser,
Egoisten,
Pessimisten,
Ausgeleert,
Ausgezehrt,
kritisieren,
drangsalieren,
intrigieren,
sabotieren,
schikanieren,
demontieren,
ruinieren,
profitieren,
desertieren,
durchlavieren.

Ja, der Reißwolf,
der hat Zähne
und die trägt er überall.
Glaube ja nicht,
wenn er käme
übersäh' er deinen Stall.

Ferngespräche

Ferngespräch #1

Es gibt sie nicht, die Kreatur,
an die du glaubst.
Sie ist Vision,
die dünne Spur
in deinem Traum
aus weißem Schnee,
der schmilzt
im Feuer meiner Ränke.

Ein Irrtum,
schwer wie deine Angst.
Bedenke,
du wärest nichts
ohne dein Gegenteil.
Mein weißes Herz malt
deine Seele schwarz.
Dein Gift macht
meinen Kuß zum Heil.
Und wär' mein Traum
so sinnlos
wie dein Ziel,
wären die Worte deiner Zweifel
und meine Sicherheit
ein fades Narrenspiel!

Ein Spiel?!
Vielleicht!
Doch dessen Regeln
du nicht kennst.
Der Mensch war nie
als Gott geplant.
Dein Herr machte ihn
- mir -
zum Freund
und wußte,
was er tat!

Ferngespräche

(Ferngespräch)

Du kannst die Nacht beschwören,
doch du verhinderst nicht
den Tag.
Du magst die Frucht zerstören,
doch du vereitelst nicht
die Saat.

Der Mensch,
von dem du träumst,
war nie mein Feind.
Jedoch Gefang'ner
- eurer -
Zeichen.
Bin ich denn schuld daran,
wenn Gegner sich die Hände reichen?

So zeig' mir
deinen Traum.
Zeig' mir,
an jedem Tag,
die
W-a-h-r-h-e-i-t...

Ach,
ich werde
mich beteiligen.
Am Kreuzzug
deiner Heiligen.

Ich werde
bei dir sein.

Ferngespräche

Fahnen

Wenn du an Größ'res
glauben kannst
als dich,
dann können Fahnen
dir gewiß
ein Leben lang
als Ziel
am Ende
deiner Wege weh'n.

Doch, wenn du zweifeln lernst
und spürst,
nur du bist wesentlich,
dann kann ich
freiwillig
und gern
für einen Augenblick
den Weg,
den eine Fahne weist
mit dir gemeinsam geh'n.

Ferngespräche

Schreibfehler

Ich will ja nichts sagen,
Aber wissen sie!
Sagen sie nichts.
Ich weiß!

Wußten sie, der jüngste Sohn von...
Schweigen sie, ich hörte schon.
Wundern braucht man sich ja nicht.
Man spricht ja heute nicht von Schicht.

Danke auch für ihr Gebäck,
deliziös, wie stets perfekt.
Nur die Pfunde setzen an.
Gestern abend sagte mein Mann...

...ja, es tut uns wirklich leid.
Eine schlimme Neuigkeit.
Diese Stelle war vakant?
Diese Welt ist intrigant...

Doch so bleibt uns Zeit zu reisen.
Alles and're wird sich weisen.
London ist so wunderbar!
Wir waren jüngst ja zweimal da.

Ferngespräche

Ihre Tochter promoviert dort.
Ja, sie ist schon lange fort.
Schafft sie das, allein, mit Kind?!
Man weiß ja, wie die Kinder sind...

Ich will ja nichts sagen,
Aber wissen sie!
Sagen sie nichts.
Ich weiß!

Und müde scheint der Sonne letzter Glanz,
erwärmt des Gipfels Eleganz,
erhellt der Welt den Blick
in solch' erhab'ne Winkel.
Doch hinter Höhen
- schwer zu sehen -
wird es mit jedem Abend
früher
dünkel

Ferngespräche

Im Reinen

Ich bin mit mir im Reinen.
Ich bin nicht porentief rein.
Ich pflege die
unzugänglichen Winkel
und ihren unbesiegbaren,
matt glänzenden Firn.

Ich bin mit mir im Reinen.
Ich bin nicht makellos.
Ich verehre die
vergessenen Ecken
voll verlorener,
schlafender Versäumnisse.

Ich bin mit mir im Reinen.
Ich bin nicht ungetrübt.
Mich schmerzt die
schlüpfrig glänzende Weite,
hygienisch glatter,
fremd gescheuerter Möglichkeiten.

Ich bin mit mir im Reinen.
Ich bin nicht unverdorben.
Ich liebe den
süß-dunklen Nachtmantel
vergoßener Wünsche
und verstreuter Undenkbarkeiten.

Ich bin mit mir im Reinen.
Deswegen fürchte ich mich
täglich
vor dem
sauber aufgewirbelten
Schmutz
fremder Putzkolonnen.

Ferngespräche

Immer wieder
(Schlagzeile)

Sie schlägt mich.
Jeden morgen.
Täglich.
Immer wieder.
Sie sagt:
sie könne nicht anders.
Es sei ihre Aufgabe.
Ihre Bestimmung.
Ich müsse es ihr
verzeihen.
Immer wieder.
Es sei nicht ihre Hand.
Nicht ihr Wort.
Nicht der von ihr kommende Schmerz.
Sie meint -
täte sie es nicht,
verstünde ich nicht,
was uns beide
berührt.
Sie sagt „berührt"!
Es schmerzt.
Nicht jeder Schlag.
Aber, daß sie mich
für so abgestumpft hält.
Immer wieder.
Ich glaube auch,
sie schlägt
immer rauschhafter zu.
Immer grausamer.
Dieses Brüllen!
Immer wieder.
Aber ich glaube ihr nicht mehr.
Ich höre ihr nicht mehr zu.
Ich schaue sie nicht mehr an.
Ich schließe die Augen
und stelle mir
Schweigen vor.

Ferngespräche

Eindeutig zweideutig

Eindeutig:

Ich träume nachts
von wunderschönen Drachen,
die häßliche Prinzessinen
befrei'n.

Ich höre einen Menschen
herzhaft darüber lachen.
Und denke mir:
so sollt' das Leben sein.

Zweideutig:

Ich träum' und spiele Golf
mit blinden Jungfrau'n.
Kein Schuß gelingt,
ich liege hoffnungslos zurück.

Die Damen flüstern leis'
beim letzten Zuschau'n:
Na, junger Mann!
Da hatten wir ja Glück...

Ferngespräche

Ferngespräch #2

Es gibt sie nicht!
Du sahst sie doch!
Sie sind zu schwach!
So warte noch!
Es war ein Traum!
Es ist viel mehr!
Es bleibt dein Wunsch!
Es wird ein Heer!
Sie war'n nie stark!
Sie war'n nie schwach!
Sie werden müde!
Ich halt' sie wach!
Sie haben Angst!
Und das ist gut!
Ich habe Zeit!
Sie haben Mut!
Sie suchen sich!
Dann laß' sie geh'n!
Sie werden mich...
...schon überseh'n!
Du wirst verlier'n!
Ich zähle nicht!
Was bleibt dir denn?
Die Zuversicht!

Es gibt sie nicht,
die Kreatur,
an die du glaubst!
Du sahst sie doch!
Ich sah viel mehr!
Was willst du noch?

Ein neues Spiel?!

Ferngespräche

Wenn

Wenn alle wären, wie Du bist.
Wenn alle fühlten, wie Du fühlst.
Wenn alle machten, was Du machst.
Wenn alle lachten, wenn Du lachst.

Wenn alle sähen, was Du siehst.
Wenn alle gäben, wie Du gibst.
Wenn alle hörten, wo Du hörst.
Wenn alle spürten, wen Du spürst.

Wenn alle schwiegen, wenn Du schweigst.
Wenn alle tanzten, wenn Du tanzt.
Wenn alle sängen, wenn Du singst.
Wenn alle klängen, wie Du klingst...

...dann ging' es vielen besser.
Noch - liefert man ans Messer.
Noch - schreit man, stolpert, grölt.
Noch - lebt man ausgehöhlt.
Noch - bleibt man lieber blind.
Um nicht zu sehen, wie sie sind,
die nicht so sind
wie Du.

Wenn manche wüssten, wie Du liebst.
Wenn manche schwiegen, wenn Du lebst.
Wenn viele ahnten, was Du kennst.
Wenn viele glühten, wo Du brennst.
Wenn alle lauschten, wenn Du singst.
Wenn alle träumten, weil Du klingst.

...dann ging es allen besser.
Doch - bleib' ich heute blind.
Nicht immer sehen, wie sie sind,
die nicht so sind wie Du.
Vielleicht ja morgen.
Heute nacht
laß' ich sie gern in Ruh'.

Ferngespräche

Konjugation

Ich lebe

Ich lebte

Ich habe gelebt

Ich hatte gelebt

Ich werde leben

Ich werde gelebt haben

Ich werde gelebt

Ich wurde gelebt

Ich bin gelebt worden

Ich war gelebt worden

Ich werde gelebt werden

Ich werde gelebt worden sein

Ich würde leben

Ich würde gelebt haben

Ich...

Ferngespräche

Gesellschaftliche Kreise

Ich
bin
Du
bist
Er
Sie
Es
ist
Wir
sind
Ihr
seid
Sie
sind
Ich
bin
Du
bist
Er
Sie
Es
ist
Wir
sind
Ihr
seid
Sie
sind
Ich
bin
?

Ferngespräche

Thomas Christen lebt in Düsseldorf und studierte Politikwissenschaften, Germanistik und Soziologie an der Universität Trier sowie später Agrarwissenschaften an der Universität Bonn. Nach zwanzig Jahren Tätigkeit in einer Heidelberger Klassikproduktion gründete er im Jahr 2000 das audio-visuelle Konzeptlabel tomtone music (www.tomtone.de).

Er schreibt seit über zwanzig Jahren Texte für Künstler wie Udo Jürgens, Milva, Veronika Fischer oder das Bremer Ensemble Mellow Melange und verfasste zwei Drehbücher für Music-Features im Auftrag des ZDF.

Er ist verheiratet und hat drei Kinder.

Ferngespräche